Das Buch

„kunst heute, also auch dichtkunst, kann als eine fortwährende realisation von freiheit interpretiert werden... was ich will sind gedichte die nicht kalt lassen"

– als Ehrenbezeugung und in Anlehnung an den großen und vielfach ausgezeichneten Georg-Büchner-Preisträger Ernst Jandl soll mit dem vorliegenden Lyrik-Bändchen als erstem literarischen Gehversuch unter ansatzweiser methodischer Zuhilfenahme des Instruments der Konkreten Poesie einerseits, mit durchaus gesellschaftskritischer Intention, für den Rezipienten fragmentarisch Einblick in die Abgründe gesellschaftlicher Zustände im Allgemeinen und des bestehenden Sozialwesens im Besonderen gegeben werden. Darüber hinaus dürfen betriebsblinde Insider und denkunwillige Systemsklaven wachgerüttelt werden, sodass im Idealfall obendrein ein persönlicher Selbstreinigungsprozess, ein Selbstbefreiungsschlag, sozusagen "die Realisation von Freiheit" stattfinden kann.

Der Autor

Joseph Winckler, geboren am 27. Juni 1975 und aufgewachsen im niederösterreichischen Amstetten, beschreitet nach einer technischen Ausbildung die pädagogische Laufbahn. Nach fünfzehnjähriger Tätigkeit in unterschiedlichen sozialen Berufen entschließt er sich zum Schreiben und zu dieser Erstveröffentlichung. Er ist seit zwei Jahrzehnten liiert und Vater von zwei schulpflichtigen Kindern.

Herstellung und Verlag:
BoD – Books on Demand, Norderstedt
ISBN - 9783732292479

joseph winckler:

leistungsoptimierung

prämissen:

leistungsbereitschaft

leistungsfähigkeit

leistungswille

Amstetten, im Herbst 2013

lehrer lämpel

vierter streich

Also lautet ein Beschluß:
Daß der Mensch was lernen muß.
Nicht allein das Abc
Bringt den Menschen in die Höh,
Nicht allein im Schreiben,
Lesen
Übt sich ein vernünftig Wesen;
Nicht allein in Rechnungssachen
Soll der Mensch sich Mühe
machen;
Sondern auch der Weisheit
Lehren
Muß man mit Vergnügen hören.

(Wilhelm Busch: Max und Moritz)

adhs

hüpf

ritalin

hüp

hüpf hüpf

ritalin ritalin

hü hü

hüpf hüpf hüpf

ritalin ritalin ritalin

h h

spring

concerta

sprin

spring spring

concerta concerta

spr spr

spring spring spring

concerta concerta concerta

sp sp sp

s s s s

medikation

anpassungsstörung

Chlorprothixen

depressivität

Trazodon

suizidalität

quetiapin

aggressivität

Natriumvalproat

schulverweigerung

Levomepromazin

sehnsucht

s

se

seh

sehn

sehns

sehnsu

sehnsuc

sehnsuch

sehnsucht

kompensation

defizit defizit defizit

diagnostik

therapie therapie therapie

defizit defizit

diagnostik

therapie therapie

defizit diagnostik therapie

diagnostik therapie

therapie

lösungsstrategie

problemlösung

konfliktlösung

lösungsorientiertheit

lösungsansatz

problemlösungsorientiertheit

konfliktlösungsansatz

erlösung

tüchtig

tüchtig

tüchtiger

am tüchtigsten

tüchtig

tüchtig

tüchtiger

tüchtiger

am tüchtigsten

am tüchtigsten

tüchtig

tüchtig

tüchtig

tüchtiger

tüchtiger

tüchtiger

am tüchtigsten

am tüchtigsten

am tüchtigsten

tüchtig

tüchtiger

am tüchtigsten

tüchtig tüchtiger am tüchtigste

tüchtig tüchtiger am tüchtigst

tüchtig tüchtiger am tüchtigs

tüchtig tüchtiger am tüchtig

tüchtig tüchtiger am tüchti

tüchtig tüchtiger am tücht

tüchtig tüchtiger am tüch

tüchtig tüchtiger am tüc

tüchtig tüchtiger am tü

tüchtig tüchtiger am t

tüchtig tüchtiger am

tüchtig tüchtiger a

tüchtig tüchtiger

tüchtig tüchtige

tüchtig tüchtig

tüchtig tüchti

tüchtig tücht

tüchtig tüch

tüchtig tüc

tüchtig tü

tüchtig t

tüchtig

tüchti

tücht

tüch

tüc

tü

t

funktionieren

funktionieren

erneut funktionieren

nochmal funktionieren

wiederum funktionieren

abermals funktionieren

weiterhin funktionieren

und funktionieren und
funktionieren und
funktionieren und
funktionieren und
funktionieren und
funktionieren und
funktionieren und
funktionieren und

funktionieren und
funktionieren und

funktionieren und
funktionieren und

funktionieren und
funktionieren und

funktionieren und
funktionieren und

funktionieren und
funktionieren und

funktionieren und
funktionieren und

funktionieren und
funktionieren und

funktionieren und
funktionieren und

funktionieren und
funktionieren und

funktionieren und
funktionieren und

funktionieren und
funktionieren und

funktionier und funktionie und

funktioni und funktion und

funktio und funkti und

funkt und funk und

fun und fu und

f und

verantwortung

ver   ung

ver   ung

ver   ung

ver   ung

ver   ung

ver   ung

ver   ung

ver   ung

ver   ung

ver   ung

ver   ung

ver   ung

ver   ung

ver   ung

ver   ung

ver   ung

ver   ung

ver   ung

ver   ung

ver   ung

ver   ung

ver   ung

ver   ung

ver   ung

ver   ung

ver   ung

ver   ung

antwort

erfüllung

er   ung

er   ung

er   ung

er   ung

er   ung

er   ung

er   ung

er   ung

er   ung

er   ung

er   ung

er   ung

er   ung

er   ung

er   ung

er   ung

er   ung

er   ung

er   ung

er   ung

er   ung

er   ung

er   ung

er   ung

er   ung

füll

erwartung

er   ung

   wart

   wart

   wart

   wart

   wart

   wart

   wart

   wart

   wart

   wart

   wart

   wart

   wart

wart

wart

wart

wart

wart

wart

wart

wart

wart

wart

wart

wart

rollentausch

mutter gebärt

betreuerin betreut

erieherin erzieht

pädagogin pädagogisiert

lehrerin lehrt

mutter betreut

betreuerin erzieht

erzieherin pädagogisiert

pädagogin lehrt

lehrerin gebärt

mutter lehrt

betreuerin gebärt

erzieherin betreut

pädagogin erzieht

lehrerin pädagogisiert

mutter erzieht

betreuerin pädagogisiert

erzieherin lehrt

pädagogin gebärt

lehrerin betreut

mutter pädagogisiert

betreuerin lehrt

erzieherin gebärt

pädagogin betreut

lehrerin erzieht

ressourcenschonung

ressourde ressource

ressource ressourc

ressource ressour

ressource ressou

ressource resso

ressource ress

ressource res

ressource re

ressource r

ressource

ressourc

ressour

ressou

resso

ress

res

re

r

während

während sie zanken

während sie träumen

während sie lernen

während sie spielen

während sie lachen

während sie streiten

während sie raufen

während sie klagen

während sie essen

während sie toben

war sie auch da

multitasking

mutter

gebärt

betreut

erzieht

pädagogisiert

lehrt

betreuerin

betreut

erzieht

pädagogisiert

lehrt

gebärt

erieherin

erzieht

pädagogisiert

lehrt gebärt

betreut

pädagogin

pädagogisiert

lehrt

gebärt

betreut

erzieht

lehrerin

lehrt

gebärt

betreut

erzieht

pädagogisiert

kernkompetenz

mutter gebärt

betreuerin betreut

erieherin erzieht

pädagogin pädagogisiert

lehrerin lehrt

stress

stress

stresss

stressss

stresssss

stressssss

stresssssss

stressresistenz

stresssresssistenz

stressssressssistenz

stresssssresssssistenz

sssssssssssssssssssssssss

belastung

belastung

belastbarkeit

doppelbelastung

belastlastbarkeit

mehrfachbelastung

belastlastlastbarkeit

vielfachbelastung

belastlastlastlastbarkeit

entlastung

entlastlastlastlastung

entlastlastlastung

entlastlastung

entlastung

ent   ung

burnout 1

burn burn burn burn burn burn
burn burn burn burn burn burn
burn burn burn burn burn burn
burn burn burn burn burn burn
burn burn burn burn burn burn
burn burn burn burn burn burn
burn burn burn burn burn burn
burn burn burn burn burn burn
burn burn burn burn burn burn
burn burn burn burn burn burn
burn burn burn burn burn burn
burn burn burn burn burn burn
burn burn burn burn burn burn
burn burn burn burn burn burn
burn burn burn burn burn burn
burn burn burn burn burn burn
burn burn burn burn burn burn
burn burn burn burn burn burn
burn burn burn burn burn burn
burn burn burn burn burn burn
burn burn burn burn burn burn
burn burn burn burn burn burn
burn burn burn burn burn burn
burn burn burn burn burn burn
burn burn burn burn burn burn
burn burn burn burn burn burn
burn burn burn burn burn burn
burn burn burn burn burn burn
burn burn burn burn burn burn
burn burn burn burn burn burn
burn burn burn burn burn burn
burn burn burn burn burn burn

```
burn burn burn burn burn burn
burn burn burn burn burn burn
burn burn burn burn burn burn
burn burn burn burn burn burn
burn burn burn burn burn burn
burn burn burn burn burn burn
burn burn burn burn burn burn
burn burn burn burn burn burn
burn burn burn burn burn burn
burn burn burn burn burn burn
burn burn burn burn  out
```

burnout 2

burn

burn burn

burn burn burn

burn burn burn burn

burn burn burn burn burn

out

fremdbetreuung

beziehungsaufbau

beziehungsaufbau

bekanntbetreuung

beziehungsaufbau

beziehungsaufbau

vertrautbetreuung

beziehungsabbruch

unbekanntbetreuung

fremdbetreuung

wohlfühloase

kindesabnahme als maßnahme der jugendwohlfahrt

aufwachsen

gedeihen

entfalten

vollstationäre fremdbetreuungseinrichtung

kindeswohl

kindeswohlgefährdung

fürsorge

jugendamt

jugendwohlfahrt

jugendhilfe

fachkraft für sozialarbeit

dipl. sozialarbeiter

fürsorgetante

maßnahmen

kindeswohl

***sonderpädagogischer
förderbedarf***

anforderungen gemäß

lehrplan nicht erfüllt

spruch des

bezirksschulrats:

spf

inhalt

lehrer lämpel

vierter streich

adhs

medikation

sehnsucht

kompensation

lösungsstrategie

tüchtig

funktionieren

verantwortung

erfüllung

erwartung

rollentausch

ressourcenschonung

während

multitasking

kernkompetenz

stress

belastung

entlastung

burnout 1

burnout 2

fremdbetreuung

wohlfühloase

kindeswohl

spf